U0010390

希望溫暖你的每一天

為你的心上藥，
療癒小熊的溫柔安慰

高恩地 著　　陳品芳◎譯

因為受過傷，所以更能夠安慰你

暖心 Podcaster 海苔熊

我很喜歡這本書，好像是一個心理師在跟你說話一樣，簡直就是「呼呼系」病毒 OK 繃！

如果你忘記要如何照顧自己，別人也會忘記，但就算是忘記也沒關係，偶爾想起來就好了。這本書寫了非常多這種「沒關係」的句子，用自我接納、同理心，陪你在這裡陪你自己。書裡面的每一個角色，都擔任過受傷的人，也擔任過安撫別人的人，例如做事情緩慢又經常自我責怪的烏龜、總是焦慮不安，覺得自己不夠有自信的兔子、老在意別人看法的熊等等，非常適合「想太多」的你。

同樣是安慰心靈的句子，如果只讀文字，你很容易就會覺得好像是心靈雞湯，很難喝進去，但由於配上可愛的圖案，你更可以想像那些擁抱和哭泣的畫面！整本書囊括了自我、關係、工作、感情等等不同生活的層面，心情不好的時候，翻開任何一頁，陪自己在低潮的時刻裡，點一盞燈。

當你沒有力氣擁抱自己，
我會擁抱你

大田 FB 社群專欄作家 宇希

「沒關係。」

書中的療癒小熊孔達利一再提醒。

放聲哭泣沒關係，追求完美沒關係，總是忍不住想太多也沒關係。

不知道從什麼時候開始，即使被告知「想說什麼就說出來吧」，也不曉得到底該說些什麼。

「哦，沒關係啊！」幾乎變成我的口頭禪。

「自我」被忙碌的生活擠壓得窒息，即使有關係，也得催眠自己：那才沒什麼，不要在意。

面對這樣的我，小熊這麼說：「當你沒有力氣擁抱自己的時候，我會擁抱你。」

哭泣的你一定是很難過才會掉眼淚吧？

所以——沒有關係。

內心迷路時，我們都需要的陪伴

努力想變幸福的日常圖文作家——大幸子

曾經我也有過內心破了一個洞，內心覺得自己再也開心不起來的時候，當時的我覺得自己就像是每天都在下沉一般，沉入無止境的深淵。我透過了很多方法與時間，後來才學會跟自己「健康地相處」，不停地告訴自己：「請把自己放在最重要的位置，這樣才有辦法去顧全許多事情。」

而現在這本書就像是一條捷徑，可以在你內心迷路的時候，指引你該往哪裡去，或是該怎麼做。如果你也總是無法開心地笑，或是常常想哭，需要人陪伴時，請讓這本書作為陪伴來療癒你吧！

【台灣版序言】

大家好，我是孔達利的作者高恩地。

我的書要在台灣出版了，真的非常開心。

希望閱讀這本書的每一位台灣讀者，在今天、明天以及每一天都能感到溫暖。

2024 年祝大家的生活充滿歡笑與幸福。

我會跟小熊孔達利一起為大家加油。

謝謝。

嗨，我是療癒熊孔達利。
我來找你，是為了帶給你一天的安慰與勇氣。
我想像鬆軟的棉花糖，讓你的心溫暖起來。
只要有我在，
你肯定很快就會獲得笑容、得到力量。

人際關係複雜又困難。

我那時怎麼會這樣？是我太敏感了嗎？

唉唷……不管了啦。

有時也會因為心情陷入憂鬱而感到沉重。

...

如果你有這種感覺，那就翻開這本書，聽聽我的故事吧。

首先，這裡很安全，你可以放心把書帶著走。

如果能播放你喜歡而且輕鬆的音樂，那效果就會加倍！

如果嘴饞的話，就配些糖果、馬卡龍、餅乾、蛋糕、香草茶，想吃什麼都可以！

目錄

Part 3. 感情

Part 4. 關係

Part 5. 愛，孤單

Part 6. 日常，同理

Part 7. 沒公開的漫畫

Part 1
自尊

#1

人生講究裝備

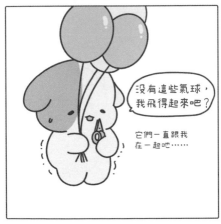

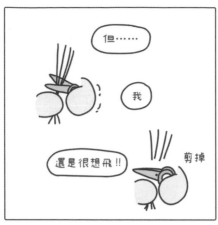

人生講究裝備。

將讓人受傷的比較與懷疑換成確信，
將讓你變渺小的後悔變成反省，
將無止境的無力換成小小的成就，
過度的不安會毒害你，請別喝下去。
拋開那些牽絆你的裝備，
用全新的裝備，
用最好的裝備打造你自己。

#2

你可以更坦蕩蕩一些

生活要有多難過，才會感到氣餒呢？
生活要有多痛苦，才會連眼淚都流乾了呢？
現在讓我在你身邊安慰你，
讓你那些痛苦的回憶都變模糊。
你能被愛的理由只有一個，
那就是因為你是你。

#3

心隨著時間越來越渺小時別猶豫，
立刻來找我

遇挫折時，
克服挫折重新站起來的速度比以前更快。
跟別人比較時，
能看著自己的小小成長鼓勵自己。
被難過的情緒席捲時，
也能夠接受那就是自己的樣子。
恢復成自己的速度一點一點地加快。
這都是你成長的證據。

#4

直到能接受自己原來的樣子

用其他人的標準來評價自己一點也不幸福，也很對不起自己。

我不想被不了解我的人對我的評價所影響。

揉捏　　揉捏

現在我要告訴自己，我只需要是我自己。

蹭！

當有人對你品頭論足，
評價你的時候，

你不要被影響，
你不要被動搖，
你不要消沉，
你要穩住自己。

試著對自己說：

「讓他們去說吧，我維持這樣就可以了。」

5

一 直 想 聽 的 話

你就讓出來吧，家裡玩偶很多嘛。

你都長大了，做事要成熟一點才對啊。

這種事不該生氣，你要忍耐。

不要哭，用講的。

7歲

你為什麼這麼沒自信、這麼膽小啊？

這是我畫的！

現在當公務員最棒了，不然到公家企業上班也好。

16歲

你要考七級還是五級？

找個穩定的職業再結婚，這樣最好了。

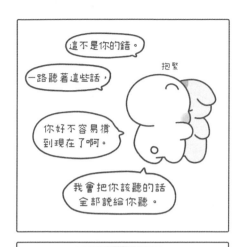

這不是你的錯。

一路聽著這些話，

抱緊

你好不容易撐到現在了啊。

我會把你該聽的話全部說給你聽。

那個玩偶對你來說很重要吧。

無論你是什麼樣子，只要你是你就好。

你是真的很不開心，才會做出這種事吧？

你一定很難過、很傷心，所以才會哭出來吧？

內向也是很棒的優點。

你真的畫得很用心吧，我想聽你說更多跟這幅畫有關的事！

原來你想聽到的話是安慰。
原來你想聽到的話是鼓勵。
原來你想聽到的話是認同。
那些你沒能聽到的話、那些你應該要聽到的話，
現在讓我說給你聽。
讓你的心不再感到難過，
讓你能夠面帶笑容。

對你的心好好奇

Q&A

你最想聽別人對你說什麼呢？寫下來吧。

#6

給現在仍在加油的你

這樣極致的孤獨，
會持續到什麼時候呢？

我心裡這麼難過，

卻沒有能聯
絡的對象、沒有
能依靠的人。

一個也沒有
……

我也知道，越是這種時候，

就越應該要加油。

我也很清楚，

但還是好難。

沒有讓人開心的事、沒有人能鼓勵你的時候，
想要再加點油，卻怎麼也站不起來，感到無力的時候，
就別再加油了，因為你已經夠努力了。
就別再費心了，因為你已經費盡心思了。
別小看自己，你可不是那麼糟糕的人。
即使身處泥沼之中，
即使你的心一片混亂，
你永遠都是一顆寶石。

7

越來越像你了，
真是耀眼

世人口中的軟弱就是你的力量，
世人口中的敏感就是你的細膩，
世人口中的玻璃心是你的溫柔。
同理心是你的能量，
安慰是你的原動力。
別忘了。
你是個如此堅強的人。

#8

確實提升自信的方法

但如果每次陷入低潮時，都把原因放在自己不夠自信這一點上，反而會讓自己更憂鬱。

話說回來，我有個問題。兔利，你提升自信之後，最想做的事情是什麼？

嗯……不知道吧……應該是把想說的話說出來吧？

哦，你想要跟誰說什麼話呢？

我有些話想對那些傷害我的人說。但我從來沒這麼做過，真的有點難吧。

因為一直把話放在心裡……

這裡很安全，你鼓起勇氣來說說看吧，說什麼都沒關係。

你……你們要尊重我。我也是一個人，我也有想法、也會有情緒。

用力

也問問我的心情，在乎一下我的感受嘛。

我也想要被理解啊。

原來兔利是想在人際關係中被尊重啊。那你現在感覺如何？

只是把話說出來而已，卻感覺好像更有力量了。

很神奇吧？我們都認為只有足夠的自信，才能對行為造成影響。不過其實行為也能反過來影響自信喔。

所以我們需要改變自己對自信的既定框架。

* 自信低落→所以做不到→自信更低落

* 想提升我的自信→應該要這樣做→實際做了→提升自信

今天就打開筆記本，寫下要怎麼提升自信吧。一天寫一個，從小小的東西開始實踐。

一個人到烤肉店吃飯一個人去濟州島旅行
‧
‧
‧

挑戰新菜單
試著拜託別人
試著拒絕別人
試著聯絡喜歡的人
‧
‧
‧

這樣下來，你會在不知不覺間真的變成那樣的人喔！

去做陌生的行為，
確實很需要相對應的勇氣。
可以確定的是你鼓起多少勇氣，
明天的你就會有多麼不同。

對你的心好好奇

Q&A

想要提升自信，你覺得能怎麼做？
寫下五個做法（想寫多少寫多少），
從最簡單的開始實踐吧。

#9

給為了完美表現而疲憊的你

我不管做什麼，都一定要符合自己心中的完美標準。

如果失誤或沒依照計畫發展，我就完全無法接受。

所以為了做好每一件事，我實在不能對自己太寬容。但這也讓我越來越累。

身邊的人都說：「你這樣的人比別人更成功、更有成就。」還說：「你可以不必那麼完美。」

老實說……這對我一點幫助也沒有。

每個人心裡，肯定都會希望自己在某個部分表現完美。聯會想要覺得自己有用，是人類自然的需求。

所以你一定要告訴自己。

「原來我是這麼想要把事情做好。」「會想把事情做好是正常的。」「你辛苦了。」

請理解並認同自己想要有好表現的心吧。

對，人都會想要完美、想要有好表現。

我珍貴的朋友啊，

想要變完美也沒關係。

最重要的是，

希望你能先理解那顆想要完美的心。

「原來你是這麼想把事情做好。

你很努力，結果卻不如預期，肯定很難過吧。

但我在這個地方有所成長，明天的我肯定會更好。你真的辛苦了。」

試著這樣鼓勵自己，

抬頭挺胸往下個階段邁進吧。

我會時時刻刻都為你加油。

10

睡一覺起來就會好很多

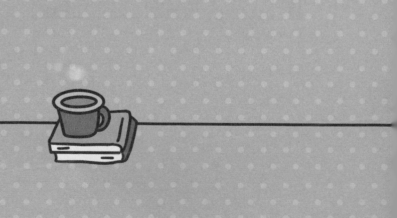

Part 2

人 生

你會在你的時間裡大展身手

現在的無趣會成為你的耐心，
現在的努力會成為你的實力，
現在的黑暗，在日後會讓你更加耀眼。
即使只是小小的一步、即使是寂寞的一步，
你也要相信自己，不要放棄，繼續前進。
你做得到。

就算被動搖也別倒下

#3

一個人撐到現在，辛苦了

你是這樣背負著這些沉重的心靈負擔，
一個人拚命走到這個地方。
今天就好好依靠我，好好休息吧。
我會減輕你的負擔。
我會陪在你身邊。

人生就是很無趣

現在你所過的平凡生活，
或許是過去難以實現的安穩，
是好不容易達到的成就。

就像在風徐徐吹著的海面上衝浪一樣，
享受你所實現的平凡人生就好。

活得平凡，
你已經完成很困難的事了。

給不期待明天的你

對自己毫無期待的時候，
因為失望而低落的時候，
我會期待你的明天。
我會期待你的成長。
我會期待你的幸福。

因為你的成長值得我的期待，
因為你最終絕對能成功。

#6

每一步都不會毫無意義

如果你今天也對自己沒有信心，那就聽聽我的話吧。

重要的不是速度，而是前進的方向。
所謂的成功，不是只有完成的那一瞬間，
也包括了實現目標的每個過程。
所以一直以來，
你所受的苦、你付出的每一刻，
沒有任何一點浪費。

讓我們累積更多的好事

讓我們燒掉不好的、讓自己難受的東西，
只留下一切好的事物，
毫不後悔、毫無留戀地走向明天吧。
還有更美好的未來在等著我們。

#8

沒關係，
我們才翻開第一頁而已

9

慢一點也沒關係

我的個性很懶惰也很慢，別人做了三件事，我只能做一件事。

就算動得跟別人一樣快、一樣勤勞，應該也只能做出現在這樣的成果。

老實說，我也常常覺得受不了自己。

看來，你似乎是覺得自己的速度比別人慢這點不太好呢。

對啊……就不能更快一點嗎？我也想要快一點，還想把每件事情都做好。

我們國家，有認為動作快更有價值的傾向，這是很特別的事。

但如果有人天生動作比較快，就會有人天生動作比較慢。

也不需要把動作慢當成是自己的缺點，慢也有很多優點的。

做事動作比較慢的人，個性通常比較溫和。他們會承認自己比較慢，不會去催促或逼迫別人。

抱歉，我太慢了吧？

我動作也很慢，我能理解。

而且動作雖然慢，卻能夠吸收更多資訊，把工作的完成度提高，做起事來也會比較細膩。

這部分這樣修改會更好。

雖然慢，但都做得很到位。

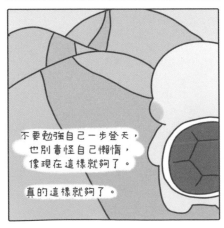

#10

偶爾也需要放棄的勇氣

Part 3
感情

#1

正向的真正意義

無論你有什麼想法、感覺到什麼，都要鼓起勇氣面對它，

接受那就是自己的一部分。

優點　缺點

難過的時候老實承認，並為了改變請求別人協助。

這才是真正的正向積極。

原來如此

我們不需要一直都很正向積極，
你可以悲傷、生氣，也可以感覺到模糊的不安。
真的都沒關係。
所謂的正向積極，並不是不會感覺到負面情緒。
而是可以接受所有的情緒，
在現實中去做自己能做的事、
去看自己所擁有的一切。
這就是正向的真正意義。

#2

是因為很痛所以才會喊痛

人的傷痛為何如此相似呢？
我們的痛苦、我們的情緒，為何會如此相似？
以至於我們會將受傷的理由
歸咎於一個人太敏感、太不安？
這不是你的錯，是人人都需要努力的課題。
我想跟受傷的你一起哀悼過去，
也想跟你一起共創更美好的明天。

3

你上次大哭是什麼時候？

有人說這是
「長大了」的表現。

那都是騙人的……人難過時
卻不能哭，實在太悲傷了。

偶爾也想像小孩
一樣大哭一場。

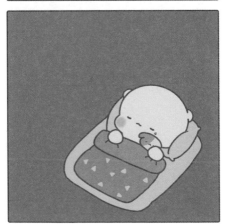

眼淚就像心的羅盤。

會告訴你，你最需要的是什麼。

你爲何感到如此委屈、悲傷，卻哭不出來？

你爲何會經常因爲一點小事就哽咽？

或許都是心發出的訊號。

要不要偶爾鼓起勇氣，跟著那個訊號走呢？

那你就能獲得自己真正想要的東西。

你肩上的負擔一直都很沉重吧？

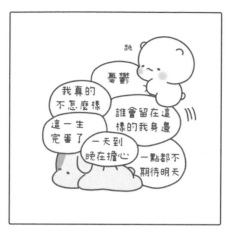

你一直以來都感到很沉重吧？

一直以來，孤獨一人都讓你覺得很難受吧？

那些壓在你身上的想法，

那些模糊卻負面的情緒，

我會一點一滴幫你清除。

明天就去吃你最愛的辣炒年糕，

還有巧克力冰淇淋吧。

這樣一切都會變得輕鬆許多。

#5

心靈研究所

自己的心始終不聽使喚的時候，
因爲委屈而生氣、
因爲悲傷而感到無力、
因爲不安而失眠的時候，
你都不需要太擔心。

你的心靈研究所，
肯定會竭盡全力
讓你在某一刻重新恢復平靜。

你不需要害怕那樣的情緒。
你心中有能夠撫平這些情緒的力量，
你一定會沒事的。
一定會。

6

理解自己的你，有無限的可能性

我有點敏感。

經常感到憂鬱，

也很容易擔心。

我好讓人失望!!

覺得自己好像做不了什麼。

你不需要自責。

能夠這麼了解自己，也是一種能力。

你這麼有能力，肯定做什麼都能成功。

乾～

人說知己知彼，百戰百勝。
內心的痛苦不是來自於別人，
常常是來自於不了解自己。

所以非常理解自己的你，
一點也不弱。

了解並認同自己的你，
擁有無限的可能。

別迷失方向就好。
你能在其中找到答案。

如何快速擺脫對自己的失望

不會因為你對自己失望，
就代表你是個讓人失望的人。
不會因為你覺得自己渺小，
就代表你是個渺小的人。

這種感覺只是一時的，你其實是個不錯的人。
無論如何，你的情緒不會變成事實。

#8

我的外號是玻璃心翻車魚

我的外號是玻璃心翻車魚。身邊的人都說我太敏感，才幫我取了這個名字。

因為就算是一件小事，我也會有壓力，會變得很敏感、很不安。

雖然我也試著改變想法，想跟別人一樣，讓自己堅強點、開朗一點、樂觀一點，但都只是一時的。

兔利，你覺得個性敏感是你的弱點嗎？

嗯……是啊。

為什麼？

我得在乎很多事，這讓我覺得很累……而且比起敏感又挑剔的人，大多數的人都喜歡樂觀又大而化之的人吧。

承認並接受
這些難過的情緒都是自己的一部分

昨天遇到難過的事，
一個人瘋狂喝酒哭到不行。

早上起來心情還是
不太好。

照鏡子時看到自己的樣子，

哈哈，你誰啊？

會因為腫到不行的臉而笑出來。

到底是哭得多慘啊？
辛苦你啦……

笑著笑著，心情也好了許多，
感覺昨天的事沒那麼嚴重了。

我原本不是這麼憂鬱的人，
只是因為現在有點難過而已。
那只是一時的情緒。
所以不需要忽視這些難過的情緒，
也不需要緊抓著它不放。

一切最後都會好轉。

#10

有效因應憂鬱的方法

很多人連憂鬱的能力都沒有喔。

每一個人的憂鬱都有原因,而你能不忽視那樣的情緒,已經很棒了。

憂鬱找上你的時候,如果你能接納它,跟它說:「嗨,你來啦。」那你很快就會好起來喔。

我為你加油!

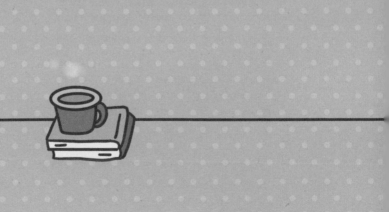

Part 4
關 係

1

自私的勇氣

你真的沒關係嗎？我看你的心都破了一個洞吧。

沒關係，我習慣了，我沒有覺得難過。

不可以連我都這麼自私。

只要我忍耐就好。

不，有關係。如果活出自我是一種自私，

那你就要有自私的勇氣。

你一直以來都在為人著想，現在就試著自私一點吧。

試著去做那些有些自私卻不違法，

適度的自私，換句話說就是「做自己」吧。
如果你一直為別人著想，
那現在也差不多夠了。
現在該輪到你被人理解了。
輪到你鼓起自私的勇氣了。
這世上沒有人比你自己更重要，
別失去自私的勇氣，
直到你活出自己。

#2

有人對你無禮，該如何應對？

首先，
必須把我跟對方的情緒分開來看。
不把對方的憤怒與煩躁當成自己的情緒，
這樣才能保持冷靜。

2.

以比較客觀的立場了解狀況。
努力以理性的態度掌握狀況，
不要被不愉快的情緒影響。

3.

邀請對方溝通，如有誤會就解釋清楚，
如果有錯就道歉。

4.

這是最重要的階段。
把該說的話明確地說出來。
當對方的舉動很無禮時，
必須要能說出自己的情緒，與對當下情況的想法。

面對一個沒有禮貌的人並不容易。
但如果爲了避免跟對方起衝突，
刻意迎合對方，是一種壓抑自身情緒的行爲。
過度壓抑情緒時，
就可能造成憂鬱等心理問題，
因此該說的話就應該要說出來。

讓你痛苦的人並不一定只在遠方。
家人、情人、上司、朋友等，人人有可能。

爲了比昨天活得更像你自己，
跨出全新的一步！我爲你加油！

#3

待在人群中感到疲倦，
一個人又感到孤單

因為心被凍僵、因為心受傷，
讓你無法擁抱自己傷痛的時候，
就讓我來擁抱你。
我會認同你，
我會珍視你，
直到你的心融化為止，
直到你能夠擁抱自己的傷痛為止。

需要的東西
不是 OK 繃而是手術

我一直相信能夠讓受傷的心復原的鑰匙，就在讓我受傷的人手上。

來，拿去吧！這是你給我的傷，這把鑰匙也是你的。

如果他們能主動發現我受傷、來跟我道歉、把我當成一回事，那我應該就會好起來。所以就算受傷，我也一直在等。

好痛
討厭

什麼時候會好？

可是沒能戰勝傷痛，選擇做心
理治療的人，一直都不是對
方，而是被傷害的我。

你好像不該
貼 OK 繃，是
需要動手術
……

很久以後我終於發現，
如果把情緒的鑰匙交到他們手上，
那只會讓我更難過。

現在我
知道了。

你一開始
就不打算用
那把鑰匙。

我的情緒我必須自己負責、
必須自己控制。

鑰匙
給我。

那是我的。

我的心和情緒都是屬於我的。

封閉的內心

試到打開為止。

說到頭,會體諒我、安慰我的人,都是我自己。

傷害你的人是我,但受傷是你的事,希望你好好治療喔。

這好像不是你該說的話吧。

再見囉,祝你吃不好也睡不好。

於是我決定,不要把情緒的鑰匙交給那些傷害我的人。

life

畢竟會陪我一起走到人生盡頭的人，就只有我自己。

所以我決定更重視自己。

有時候我們被某些人傷了心，
都以爲搽搽藥就會好了，
沒想到其實需要動手術。

心裡的傷就是這樣。
常常不知道從何而來，
一直等著對方道歉、負責，
最後讓自己精疲力盡。

所以覺得委屈、難過的時候就別忍耐。
你情緒的鑰匙屬於你自己。
以後別再把那麼重要的鑰匙交給別人。

人生中最值得信賴的人，
會一直陪伴你到生命盡頭的人，
只有一個，
就是你自己。

#5

給習慣受傷的你

只是換個人而已，類似的相處
跟情緒還是會一再捲土重來。

果然……

類似的相處模式、類似的
傷害，讓你覺得很累吧？

嗯……我也不知道
我為什麼會一直這樣。

別自責，這不是你的錯。
你會這樣一再受傷，說不定……

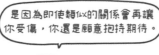

是因為即使類似的關係會再讓
你受傷，你還是願意抱持期待。

你是真心想要跨越這道傷，
希望能變得更幸福，不是嗎？

沒錯⋯⋯我不想再受同樣的傷了。

帶著期待開始，卻以失望告終的關係，
像旋轉木馬一樣一再反覆，這慢慢讓你感到疲憊吧？
類似的傷痛一再上演，
讓你幾乎沒有自信重新開始一段關係。

都沒關係，我們休息一下吧。
人際關係也需要休息。

在這些時間裡，打造全新的你吧。
因為明天的你必須更加幸福。

直到你的心痊癒之前，我都會陪著你。
你辛苦了。

對你的心好奇
Q&A

在你的人際關係中，有一再重複的模式嗎？

其中最讓你難過的情緒是什麼？
別想太多，直接寫下來吧，這裡很安全。
疏離、孤單、自卑、挫折、憐憫，
這些都可以。

如果不想一再重蹈覆轍，你覺得怎麼做比較好？
例如跟值得信賴的朋友聊聊、先遠離人際關係、寫日記、
接受諮商等等。

我又被拒絕了嗎？

哎呀……你一直思考自己被拒絕的原因，一個人背負這些，心裡應該很不好受、很難過吧？

被拒絕是一種很複雜、很讓人難過的感受。

挫折感

踩

自信

如果被這種情緒壓垮，你會感到慌張、受傷，自信也會瞬間落入谷底。

但仔細想想，拒絕只是一種狀況，你不會因為被拒絕就變得比較不好，也不代表你沒有魅力或能力比較差。

而且，汪汪身邊認識很久的
朋友，都會接受你原本的樣子，
不會拒絕你。

所以我希望汪汪可以堅定
一點，不要一直留在那樣
的情緒裡面。

你要去哪裡？

挫折感

那些拒絕你的人，
還有拒絕這種情緒，
絕對不能決定你的價值。

放開啦！

許汪這樣！我們不是好朋友嗎？

就算一個人很有自信、有錢，
或者就算是成熟的大人，這種被拒絕的感覺，
還是會讓大家難過。

人生在世，
都可能會拒絕別人或被別人拒絕。

好好拒絕別人是很重要的事，
我們也不需要因為被拒絕就感到受傷。
因為那不會決定你的價值。

不過，如果被拒絕的感受依然讓你難過，
那就去找能理解你的人，試著獲得一些安慰，
去找那些喜歡你的人，獲得一些自信吧。

你一定能充分感受到，
你可不是活該被拒絕的人。

7

拿出被討厭的勇氣，
對我來說真的很難

所謂被討厭的勇氣，
對我來說真的好難。

就算被稱讚了一百次，

但只要被批評一次，建
立起的信心就會崩塌。

想讓大家都覺得我好，
會很貪心嗎？

我們之所以無法鼓起被討厭的勇氣，
是因為如果想那麼做，
就必須放棄一直以來我們所認同、所習慣的生活方式。
與人為善、不引發衝突，
要把事情做好以贏得稱讚才能放心，
都是一種以特定條件為前提的放心。
所以類似「你很自私」「你無能」「你很爛」「你很醜」
這些小小的批評，都會讓我們大大地動搖。

以後別再被動搖了。
你不需要這種有前提的認同。
光是你的存在，就已經值得大家好好對待你。

以後你要對自己說：
「對，我確實會害怕別人討厭我，
但偶爾自私、偶爾被討厭也沒關係。
最了解我的人就是我自己，
至少我得認同自己。」

#8

別擔心，
好好保護自己

表現出對抗這種
錯誤態度的姿態，

我認為是一種勇氣。

對啊……其實我很討厭衝
突，也很怕被別人關注，

所以才會很抗拒表達自己。

點語

你不需要對所有人都善良。

維持適當的距離，不讓人覺得你好
欺負，也是一種保護自己的方式。

如果有些人把你的好意跟親切視為理所當然，

如果有些人認為你好欺負、不尊重你，

你可以不必忍耐，也不用努力去理解對方。

你可以把該說的話說出來，不要害怕衝突。

好好把自己想說的話說出來，這不是什麼不對的事。

你要有勇氣拒絕無理的要求，表達自己的想法。

那樣的勇氣，會讓明天的你煥然一新。

對你的心好好奇
Q&A

你身邊有人總是理所當然地對你
提出無理的要求、忽視你的意見,
或不把你放在眼裡嗎?

如果有的話,你想對那個人說什麼?
仔細想一想,練習把你的想法說出來,
未來遇到同樣的狀況,你就能保護你自己。

#9

你在乎他？
我在乎你！

據說世上如果有一百個人，
其中會有七十個人對我不感興趣，
有二十個人莫名討厭我，
剩下十個人會喜歡我。

如果你喜歡或吸引你的對象，
討厭你或對你不感興趣，
那你當然會覺得受傷、難過。

即便如此，世界這麼大，
一定還是會有百分之十的人
喜歡你、尊重你，
而剛好你也喜歡他們。

所以別氣餒。
你本身就是很迷人、很珍貴的存在。

Part 5

愛，孤單

我的戀情
為何會失敗

早已冷卻的熱情，

以及付出眞心卻沒能獲得回報，這樣的愛情讓你很累吧？

難怪，你看起來這麼疲憊又渺小。

我親愛的朋友啊，

如果繼續跟那個人在一起，

五年後、十年後，你會是什麼樣子？

如果未來的你因爲情緒消耗而疲憊，

如果你爲了維持脆弱的關係，必須掩飾自己原本的想法，

那我想跟你說：

對現在的你來說，分手才是最成功的選擇。

結束一段不受尊重的關係，才是最能成就你的開始。

#2

當空虛湧上

無論跟誰來往、
無論獲得怎樣的成就，
偶爾都會覺得內心
好空虛。

或許我需要的，
不是跟很多人交際、聊天，

也不是汲汲營營地獲取成就。

=3

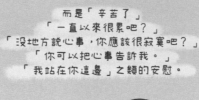

而是「辛苦了」
「一直以來很累吧？」
「沒地方說心事，你應該很寂寞吧？」
「你可以把心事告訴我。」
「我站在你這邊」之類的安慰。

我今天也感到好空虛。
我想對他說：

「沒人可以依靠，讓你很累吧？
我們去吃飯吧。
我來聽聽你想說什麼。」

心靈藥局

但其實我總是擔心又害怕……

不知道從什麼時候開始，我好像越來越沒存在感。

萬一繼續這樣下去，哪天我消失了怎麼辦？

還來得及，幸好你來找我。我為兔利你調了一劑藥，

熱騰騰的，才剛剛做好

你打開來看看吧。

為了讓你活出自己，你需要這兩種藥。

被討厭也沒關係的勇氣

尊重自己的情緒與想法的覺悟

無論如何努力，扼殺自我的關係，最後只會讓這段關係變得不平衡。

就算世上可能會出現討厭你的人，你也不要太擔心。

如果不希望自己變得越來越渺小，你需要體驗受到尊重的感覺。

所以我們應該找到懂得尊重自己的人，並嘗試與這樣的人建立關係。

一天到晚察言觀色、配合別人的喜好，會讓自己變得卑微，

但跟懂得尊重你的人來往，你的立場會變得更明確，也更能活出自己。

我會專門為你開一個處方，
讓你不會再覺得自己很卑微，
讓你不再害怕不被尊重的關係，
讓你能夠獲得被討厭的勇氣，
讓你能夠比任何人都尊重自己的心。

#4
我下輩子
也會支持你

大步

大步

把每一段關係都看得很重要，
以溫暖的心同理他人，
都是你最特別的地方。

所以別因為別人的話而氣餒。

微弱的溫度也能融化冰雪，
所以你可以為自己的溫柔感到驕傲。

5

我太在乎別人有沒有聯絡我，
我的自我價值感很低嗎？ I

我有個曖昧對象，但他沒有常常跟我聯絡。每次我都想主動聯絡他，但又很擔心這樣會顯得我很積極，所以常常會很猶豫。

如果對方隔了好幾個小時才回一則訊息，會讓我覺得對方好像不怎麼喜歡我，因而有點難過。

這麼在意別人聯不聯絡我，是不是因為我的自我價值感太低了？

不是在意別人聯不聯絡你就表示自我價值感低，也不是不在乎別人的聯絡，就表示自我價值感高。

太過不在乎別人的聯絡，說不定其實是疏於溝通和不會顧慮別人的表現喔。

兔利，你跟對方聯絡時，最擔心的部分是什麼呢？

大家都會說「聯絡的頻率就是關心的程度」「如果有人喜歡我，那即使生命受到威脅也要跟對方聯絡」。

所以對方如果太少跟我聯絡，我會覺得他似乎不關心我了。這也會讓我想在消耗更多感情之前，趕快把這段關係整理掉。

這是我的想法。

之前是不是發生過什麼事情，讓你覺得對方沒跟你聯絡，就是不再關心你了呢？

從結果來看，你是很擔心這段關係可能會結束，對吧？

你的心情會因為對方聯絡與否而一直改變，這應該讓你很難受吧？

對啊。對方說對我有好感，卻很少跟我聯絡，感覺好像說的跟做的是兩回事，這讓我覺得很孤單，跟他好疏離。

但又覺得我們也不是什麼特別的關係，我居然這麼在意對方，我對自己很失望。

既然喜歡，當然就會對對方感到好奇。
無論是大家口中的曖昧期，
還是已經在交往階段，甚至是步入婚姻，

要是跟另一半不夠親密、沒有建立足夠的信賴感，當然會有這種感覺。

越是這種時候，你越要穩住自己，好好照顧自己的情緒跟心。這樣才能在不失去自我的情況下，客觀地看待整個情況。

兔利，你平常都怎麼照顧自己的情緒？

不知道吧……
要怎麼照顧自己的情緒？

#6

我太在乎別人有沒有聯絡我，
我的自我價值感很低嗎？Ⅱ

不知道吧……要怎麼照顧自己的情緒？

想要照顧情緒，可以先從自己最喜歡、最放心的事情開始。就像在跟自己約會一樣，試著了解自己、專注在自己身上。

但是玩遊戲、看電視之類的活動要除外。娛樂雖然能立刻讓人擺脫壓力，卻會讓大腦沒有多餘的力氣去接觸自己的情緒。

呆　　滯

喜歡的東西啊⋯⋯除了吃跟呼吸之外，我好像沒有其他的愛好。

很棒！

一個星期去吃一次你喜歡的東西。

今天下班後要吃泡麵加炒年糕

還要喝香草拿鐵

花三十分鐘，一邊聽著最喜歡的歌一邊散步吧。

散步。

你要去哪裡？

這麼突然？

仔細檢視在這過程中產生的想法，
無論是怎樣的想法都接納它。
例如最近煩惱的聯絡問題，
這可能會讓你有負面情緒。

這種時候，你可以思考這份情緒
是什麼，並且自己告訴自己
「原來我覺得（　　）啊」。

情緒的名字……

悲傷

不高興

拒絕

空虛

認知並接受讓自己難過的情
緒，等這些壓抑的情緒冷靜下
來，你就會看見真正的自己。

原來聯絡的問題，會讓我覺得
（悲傷、不高興、空虛、被拒絕）
啊……

我太在乎別人有沒有聯絡我，
我的自我價值感很低嗎？Ⅲ

我花了一個星期觀察自己的心，才知道自己在跟對方曖昧的時候，曾經有過一些負面情緒，但我選擇忽視它們，只顧著維持這段關係。

尤其我覺得聯絡是確認對方心意的唯一方法，所以才會這麼在意這一點。

我就是這麼害怕跟對方分手。以後我該怎麼辦才好？

你不要太著急，試著跟對方聊聊，看看以後雙方是否能夠好好磨合吧。

聯絡的問題長時間困擾你，對你來說，聯絡這件事就等於愛的標準啊。

把你的心情告訴對方，問問他能不能努力跟你聯絡吧。

即使是曖昧這種關係，也是一種人際互動，所以必須要尊重對方。萬一這段關係讓自己感到痛苦、感覺精疲力盡，那最好是果斷整理掉。

不要害怕任何結果，做出尊重自己的選擇吧。只要能夠讓你更自在，那一定是最好的結果。

我真心希望兔利能獲得幸福喔。

如果聯絡的頻率，對你來說是衡量愛情的重要標準，
那這點就需要被尊重。

如果你對對方有好感，那會在意對方的聯繫，是很正常的事。
因為很想跟對方拉近關係，因此自然會有這種心情。

面對聯絡的不安與情緒，
就是想確認對方的愛，
也很珍視與對方的互動，
希望能夠發展成特殊關係的證據，不是嗎？

我有幾個願望，
我希望你能夠給自己足夠的時間。

希望你喜歡的對象能夠尊重這樣的你，
能夠為了你好好努力。

希望在所有的情況下，
你都可以不必自己背負這些情緒的包袱。

希望你能夠活得像你自己。

這樣一來，無論什麼結果，
都是好結果。

8

長時間來，你一直很孤單吧？

雖然不太記得是
從什麼時候開始，

但我也不是一
開始就想讓
自己變成這樣
……

仔細想想，小時候父母親只顧著賺
錢養家，完全沒有顧及我的感受。

我是為了孩子
才忍耐的！這算什
麼生活啊！

……

唉唷，我真是受
不了這種人生！

朋友們都喜歡找更有趣、更有魅力
的人來往，我常常是自己一個人。

好喔！

我們
去那
邊吧！

悶悶不樂

原來如此……
你應該很孤單吧？
原來你是帶著這樣
難過的心情，一
路走到現在啊。

你心裡一
定很難受。

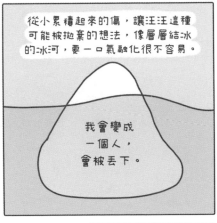

現在都沒事了。

你的所有恐懼，

你的所有悲傷，

讓我們慢慢安撫它們。

你的安慰能夠拯救你自己。

溫暖的氣息將會吹入你的心。

Part 6

日常，同理

#1

星期一好可憐

每到星期天晚上，都會讓人祈禱明天不要來，

即使在家也讓人想回家，

所有的疲憊跟煩躁都一次湧上來。

這樣難過的時刻，一年竟然要忍受五十二次，

我真的是太了不起了。

即將到來的星期一，

希望處處都有隱藏的幸福。

對你的心好好奇

Q & A

這個星期一晚上，你想吃什麼來療癒自己？

#2

心累的時候
先照顧好身體

心痛的時候，你是不是也曾經感覺到心發出「啪嚓〜」聲？

身心是連結在一起的這句話，從科學上來看其實是有道理的。

根據研究，

在內心因為孤立、離別等情緒而受傷時，

大腦所感受到的痛苦，跟身體受傷時的痛苦差不多。

相反的，身體恢復的時候，憂鬱與不安則會隨之降低。

例如憂鬱時去散步三十分鐘，

心情就會立刻好轉。

所以你心裡覺得難過時，就讓自己吃好一點，

睡一個長長的覺吧。

減少那些壓迫你的負面情緒，

你的心感覺會好很多！

#3

相信同理心的力量

同理心是一種完全站在對方的
立場，感受對方心情的能力。

汪汪現在
是怎樣的心
情呢？

那不是天生的能力，
而是可以透過學習跟練習的
個人意志與訓練的結果。

傾聽

視線交會

原來如此

點頭

這是有
可能的

信任

沒關係

情緒練習
心的日記

同理的技巧

就算不能完全理解，也可以說：
「原來如此，在那種情況下，確實
有可能會這樣。」聽聽對
方的說法，然後再點點頭。

你覺得很難過、很
痛苦、很後悔啊？

如果是我也會這樣。

與其輕率地給對方建議，
不如試著以理解為目的去發揮同理心。

你最需要的可能
不是解決方法，

而是因為你的心
真的很難過吧。

至少試著去同理對方的心，
把這樣的感受告訴對方、擁抱對方。

你辛苦了……
我也好心痛。

緊抱

光是這樣，你就已經發揮200%
的同理心了，這樣很足夠了。

啪！

100分

丟

200分!!

有點笨拙也沒關係，
有點彆扭也沒關係，不夠熟練也沒關係。
因為重要的是你爲了發揮同理心所做的努力。
你不是忽視對方的心情，勉強對方要有好心情，
或是嘗試提出解決之道，
而是懷抱一顆理解的心，去傾聽、陪伴。
只要一個眼神就夠了。
只要有這樣的心就夠了。

#4

想法也需要減重

幫想法減重並不難。

熱水澡

鬆軟的床鋪

看書或冥想

最喜歡的音樂

甜甜的蛋糕

陪家裡的貓玩

能讓你盡情吐露心事的朋友

只要能夠讓想法變輕鬆的事情，什麼都好。

最重要的是不要拖，要立刻開始！

#5

別氣餒，小可愛

那不是你的錯。沒有自信不是你的錯。

小時候身邊的人都讓我們覺得，外表就是一種競爭力，

而為了配合這樣的標準，你會越來越失去自我。

可是這世界的標準不能評斷你。

你可以吃著你最喜歡的東西、

做著你最喜歡的事。

無論你怎麼選，都要聽從你心底的聲音。

正確答案就在那裡。

6

像施展魔法，
讓自己更有同理心

不過，我跟你說一個好消息吧。其實熊熊你啊，完全不需要為了幫助朋友而提供什麼建議，也不需要讓朋友心情變好喔。

只要記得我跟你說的這三句話，然後在跟朋友對話時用上這幾句話就好。

1. 原來如此。（傾聽）

2. 這是有可能的。（包容）

3. 要是我應該也會那樣。（同理）

這魔法般的三句話，
可以深入朋友憂鬱的心，
治療他的心靈喔。

其實朋友應該也已經知道正確答案了。他會向你表達自己的憂鬱，也只是需要別人的同理心。

為了理解他而發揮同理心，那就是給朋友最大的幫助。

#7

來背背吧

多虧了這個溫度，我就可以向前走。

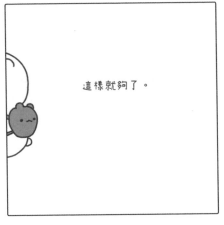

這樣就夠了。

辛苦又難過的一天過去，
我的溫度
和你的溫度相遇，
讓我們溫暖彼此，
沒有什麼比這更幸福。

今天的小幸福 vs 不知何時會來的大幸福

不知何時會
來的大幸福

只要把日常生活中的小幸福放大，
還會有比這更有效率、更好運的事嗎？
天天都會有微小卻幸福的事。

來自今天吃的食物、
來自今天聽的音樂、
來自今天看的天空、
來自今天所思念的某人，
我可以在這些事物中找到幸福。

享受小小的幸福，並跟著幸福前進，
遲早就能等到大幸福的降臨。

受不了
太熱情的人

微弱的陽光能夠融化冰河，
小小的安慰能夠溫暖凍結的心，

這就是你的熱情。

像陽光一樣溫暖舒適，
但一點也不讓人覺得你軟弱。

那就是你所擁有的熱情的力量。

給承受今天重量的你

Part 7
没公開的漫畫

聽見心中的某處傳來哭聲。

嗚啊！

其實平常偶爾也會聽到那個聲音，
但今天決定鼓起勇氣，
跟著聲音去看看。

跟著聲音走到最後，發現是一扇
很老舊的門，是我小時候住的房
間。我小心翼翼地把門打開。

孔遠利的房間

這裡……

那裡有個孩子，長得像小時候的我，
不知為何看起來很悲傷、很孤單。

那孩子一看到我，就哭得更慘了。

那是我一直以來視而不見，

活在我心中的內在小孩。

嗨，我的內在小孩。
過了這麼久，
我們終於見到面了。
你花了很多時間等待長大後的我出現。
看你哭得這麼難過，
讓我覺得莫名心痛。

每次覺得不安、難過時，
我總會聽見微弱的哭泣聲，
原來那不是別人，而是弱小的你。

現在我想要來問問你：
「你為什麼哭得這麼傷心？」

我深吸了一口氣，
蹲下來配合孩子的高度說話。

原來你是因為孤單、悲傷、
生氣，才會哭成這樣啊？

是因為只有你一個人被
丟下，你覺得很難過很害
怕，才會責怪自己吧？

哭泣的孩子聽了我說的話之後，終於放下心，並冷靜了下來。

他用有點生氣的樣子對我說：

你怎麼這麼晚才來？我一直以來都覺得好冷、好孤單！

孩子大概煩惱了一秒，接著說：

好吧，但你以後不能假裝不知道我的存在！

有別於我長時間的忽視，
這孩子寬宏大量地原諒了我。

我心中的小孩啊，

你一直很孤單吧？

現在你可以離開那個悲傷的房間，

盡情歡笑，

盡情幸福。

現在我會保護你。

沒有你，我一個人不可能幸福。

現在我終於懂了。

所以啊，親愛的孩子，

從今天起，我們一起幸福吧。

牽著我的手。

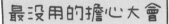

最沒用的擔心大會

為了見見第一屆最沒用擔心大會得獎者，記者孔達利來到現場。

讓我們先來訪問第三名吧。

最沒用的擔心大會

朋友說他的人生實在很不順，我早就猜到會這樣了。但他還是想不開，聽說最近還跟女友分手了。

擔心別人私生活居然能得到第三名，真的好開心。

最沒用的擔心大會

看來你很關心別人的私生活呢，花在那邊的時間好浪費喔。

恭喜你得到第三名！

嘿嘿

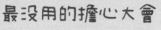

最沒用的擔心大會

我每天都在擔心自己住的地方可能會倒塌、失火，或是擔心自己走在路上會不會遇到車禍。

這樣居然能得第二名，真是太不敢相信了。

最沒用的擔心大會

過度擔心根本沒有發生的事，是一種情緒浪費、時間浪費呢。

真心恭喜你得到第二名！

謝謝你喔

最沒用的擔心大會

我每天都在想，自己當時為什麼會做出那種事，也一直覺得自己是個很沒用、很笨、很廢的人。像我這麼沒用的人，以後要怎麼活在世界上？

我經常會覺得
很疏離。

感覺除了我大家都很要好，

可能有一個我沒加入的群組，

還有只要我一加入就會變尷尬的對話……

這些都讓我覺得很難過，

但又覺得沒辦法跟大家相處融
洽，容易受傷都是我的問題。

感覺自己被排除在團體之外應該很難過，又覺得是自己的錯，就更難過了吧。

不過那不是你的錯。

疏離感是一種大家都想避免的痛苦情緒。

尤其跟疏離感有關的負面回憶越多，

反應就會越敏感，也越容易受傷。

就是這樣……

這種時候該怎麼辦才好？

當你因為疏離感而情緒低落的時候，就試著抽離自己吧。

抽離自己？

暫時跳脫當下，像在看連續劇一樣去看那個狀況。就好像這件事跟你無關，你只是在看一齣戲。

我有伙伴。

我們很要好嘛。

我看起來很孤單也很緊張。

我現在安全了。

怎麼樣？

這樣你可以更客觀看待自己的處境，也比較不會被情緒影響。

哈哈　呵呵

這樣一看，發現好像也不完全是我的錯。

對呵。

如果你做了一定的努力，依然感到疏離，會情緒低落是正常的。

所以看是要把你想說的話說出來，還是要去交新的朋友，照你想做的去做就好。

不要退縮，鼓起勇氣來。我會一直站在你這邊。

真的嗎？　真的！

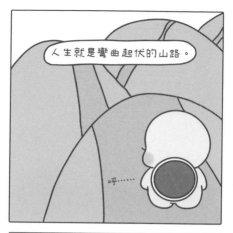

在人生這段旅程中，
即使真有逆境，
也不要感到挫折，
不要失去希望。

你一直以來的辛苦、
獨自吞下的眼淚，
隨著時間流逝、隨著打下的基礎逐漸厚實，
都會成為讓你歡笑的回報。

永不氣餒的你，
更閃耀的你，
我會永遠為你加油。

分手之後我一直想，希望你能後悔跟我分手。

這似乎就能證明錯過我讓你很遺憾，證明我是好到會讓你後悔的人。

可是看到你一點也不後悔，生活還是過得很好，老實說我覺得自己有點落魄。

這樣一天下來，

傻瓜……
應該要帶
傘的。

不知為何總會覺得腦袋嗡嗡作響，
心情很低落。

咳……

無力

沒關係，人的確有
可能不夠自信啊。

別自責，想多一點也沒關係。
別後悔，你已經盡力了。
別擔心，最糟糕的情況不會像你想的那樣發生。
別害怕，你有因應的能力。

要做的事情實在太多了，壓力好大⋯⋯好累。

一堆

這些事情都是要讓我更好，但我為何壓力這麼大？

皺眉

不⋯⋯這世界本來就沒有這麼簡單，這點程度的事大家都做得到！！

大聖

沒關係，每個人其實都會這樣。

不過，當你要做的事情堆積如山，
讓你連休息的時間都沒有時，

那做自己能力所及的事就好，這樣你
就算需要走很久，也不會覺得太累。

做你自己能做的，
相信自己能夠做到最好。

不用連你做不來的
部分都攬下來。

還有……我也很怕自己未來可能會後悔，而且他們也一直叫我趁他們還在世時對他們好一點。

嗯

那是你父母的意見，也是社會的觀感吧？

應該不是你自己內心的想法。

沒錯，其實我只要稍微抱怨一下他們，他們就會這樣講我，所以我也就不知道要怎麼說下去了。

點頭

他們可能言行不一致，導致親子之間的信任遭到破壞。

我們不是約好要去遊樂園嗎？

要看狀況啊，狀況允許就能去，人生哪能事事都如意啊？

比起認同與鼓勵，你可能更常被忽視與批評。

怎麼考這種成績啊！

隔壁那個誰沒去上補習班也考第一名！

對啊……我真的很難過。

沒錯，這真的很讓人難過，你辛苦了。

首先，你要放下那個不該埋怨父母的想法。

真的可以嗎……

這樣你才能真正接受自己的情緒。

不是因為認識久了，
或對方看起來好像很親切，
就一定能夠信任對方。

沒錯……我太容易付出
真心了。最後都會被背叛，
都只會剩下我一個人。

兔利，透過這樣的經驗，你會變
得更堅強。你要知道，難過的時候
可以生氣、可以哭，也可以埋怨。

你會有一段時間很難過，明天會很難受，後天也會很煎熬。

可是神奇的是，下個禮拜、下個月，你的心情會隨著時間漸漸好轉。

在心康復之前，你再多撐一下吧。

有些人會讓你傷心，但也有像我這樣很愛你的人啊。

你是不是感覺遭到背叛？
憤怒、自責、孤單、後悔、埋怨，
這些情緒像龍捲風襲擊你，
讓你厭惡世界、厭惡人群。

「別輕易相信別人」這句話
或許是祖先的智慧，
爲了幫助我們預防來自背叛的傷痛。

這話說起來讓人難過，
但我們實在無法扭轉時間，讓事情從未發生。
所以你唯一能做的，
就是找到值得信賴的人。
放下那些無可奈何的事，
讓自己振作起來，繼續前進。

我會陪你一起走過這段旅程。

比起一些很強烈的情緒，我們在日常生活中經常感受到的，說不定都是一些很模糊、很難以形容的情緒。

例如……

雖然沒有大吵架，但跟朋友莫名有些尷尬。

什麼啊，為什麼不跟我打招呼……

或是亂糟糟的房間讓你感到不快。

亂糟糟～

皺眉

以及出門赴約前，類似緊張感的小小擔憂等，這些都是難以形容的模糊情緒。

好緊張
……

這種讓人不舒服又有些不安的情緒，足以使人坐立不安。

天啊，
好緊張……

僵硬……

三

不過仔細想想，或許就是這些難以形容的不安，讓我們做出改變吧？

哦？

例如我們會因為討厭這種曖昧不明的感覺，所以事先擬訂計畫、做好準備。

對，A計畫不行的話還有B計畫！

你可能會因為某種莫名的好奇而開始發展一段關係，進而逐漸深入認識對方。

旁邊有人坐嗎？

啊，沒有！

在日常生活中經歷的這些模糊情緒，其實能讓我們留下深刻的印象。

你有伴嗎？要不要跟我一組？

好啊！

如果潮濕又雜亂的房間讓你不高興，你就會去打掃。

如果該做的事情全部擠在一起，你就會調整行程。

如果某人讓你莫名感到不快，

你可以更積極地表達出來。

別輸給這些模糊的情緒。

你可以好好掌控它們的。

你為什麼這麼敏感？

哈，好累……
一點小事也要哭。

不要再擔心了啦。

這點小事，有什麼好難過的？

是我太敏感了嗎？

果然都是我的錯吧。

我怎麼這麼糟糕呢？

不，不是這樣的。

沒有誰的擔心是錯的。就是因為你覺得有需要，所以才會擔心啊。

那些事情都值得讓你感到不安。

你可以因為那些事情而哭。

也可以難過、可以生氣。

別責怪自己。

那些事情就是深深地影響了你。

你可以難過。

你可以埋怨。

你可以悲傷。

你可以懷念。

你可以憤怒。

你可以厭惡。

你可以孤單。

因為那些事情，確實讓你有這樣的感受。

後記

親愛的朋友啊，最後，
我想對你說這句話。

無論世界如何評價你、
如何對你，都不重要。

光是你活在這個世界上，
你就值得大家的尊重。

跳

你真的很可愛。

你很珍貴、很讓人疼惜、很值得
珍惜。別忘記，你是特別的。

K原創 026

希望溫暖你的每一天
為你的心上藥，療癒小熊的溫柔安慰

作　者｜高恩地
譯　者｜陳品芳

出 版 者｜大田出版有限公司
台北市一〇四四五 中山北路二段二十六巷二號二樓
E - m a i l｜titan@morningstar.com.tw　http://www.titan3.com.tw
編輯部專線｜(02) 2562-1383　傳真：(02) 2581-8761

總 編 輯｜莊培園
副總編輯｜蔡鳳儀
編　輯｜葉羿妤
行 銷 編 輯｜張筠和
行 政 編 輯｜鄭鈺澐
校　對｜黃薇霓／陳品芳

初　刷｜二〇二四年二月一日　定價：四二〇元

網路書店｜http://www.morningstar.com.tw （晨星網路書店）
TEL：(04) 23595819 FAX：(04) 23595493
購書Email｜service@morningstar.com.tw
郵政劃撥｜15060393 （知己圖書股份有限公司）
印　刷｜上好印刷股份有限公司
國際書碼｜978-986-179-849-3　CIP:177.2/112020121

填回函雙重禮
① 立即送購書優惠券
② 抽獎小禮物

國家圖書館出版品預行編目資料

希望溫暖你的每一天／高恩地著；陳
品芳譯 .──初版──台北市：大田
，2024.02
面；公分 . ──（K原創；026）

ISBN　978-986-179-849-3（平裝）

177.2　　　　　　　　112020121